Dieren
Animales

Helena Bootsman

Geschreven door:
Helena Bootsman

Spaanse vertaling:
Maria del Pilar Valero Usón

Illustraties van:
Helena Bootsman

Uitgegeven door:
Graviant educatieve uitgaven, Doetinchem

ISBN 978-9491337383

Voorwoord

Mimosa,
de inspiratie voor mijn boek.

Ik neem je mee in de wereld van kleur,
lieve dieren en leuke versjes.
Voor alle mensen groot en klein want,
lezen is zo ontzettend fijn !

Prólogo

Mimosa,
La inspiración de mi libro.

Te llevo al mundo del color, queridos animales
y bonitas historietas.
Para todas las personas jóvenes y mayores,
porque ¡ Leer, es fantástico !

Beer

Als ik naar de dierentuin ga, lieve beer
Zie ik je spelen met je vriendjes
Ik zie je slapen en rollebollen
Schattige beer
Achter je vriendjes aanhollen
Thuis heb ik een knuffel
Hij lijkt sprekend veel op jou
En weet je wat er op zijn truitje staat ?
"Ik hou alleen van jou"

Oso

Cuando voy al zoológico, querido oso
Te veo jugar con tus amiguitos
Te veo dormir y dar volteretas
Oso lindo
Corriendo tras tus amiguitos
En casa tengo un peluche
Se parece mucho a ti
¿ Y sabes que hay escrito en su jersey ?
"Solamente te quiero a ti"

Giraf

Lange benen en een lange staart
Lange nek en een lange tong
Op je lijfje grappige vlekken
Weet je nog dat ik voor je zong ?
Girafje lief, girafje lang
Kom eens bij mij !
Zoen op je wang
En een aaitje erbij.

Jirafa

Patas largas y una cola larga
Cuello largo y una larga lengua
Por tu cuerpo manchas divertidas
¿ Te acuerdas que canté para ti ?
Jirafa linda, jirafa alta
¡ Ven hacia mi !
Un beso en tu mejilla
Y además una caricia.

Koe

Koe staat in de wei
Koe kijkt naar mij
De koe loeit
De koe eet het gras dat groeit
Je geeft ons melk
Zo wit als sneeuw
Het is goed voor elk
Ik word zo sterk als een leeuw !

Vaca

La vaca está en el campo
La vaca me mira
La vaca muge
La vaca come la hierba que crece
Nos das leche
Tan blanca como la nieve
Es buena para todos
¡ Me hace fuerte como un león !

Konijn

Wie springt daar in het gras ?
Ik zie je wel
Lange oren, een pluimstaart
en een lange snuit
Kom je worteltjes eten ?
Of lust jij soms ook fruit ?
Ik wil je aaien en op schoot
Kom maar bij me
Ik heb ook lekker brood.

Conejo

¿ Quién está saltando por entre la hierba ?
Ya te veo
Orejas largas, una colita de conejo
Y una nariz pequeña
¿ Vienes a comer zanahorias ?
¿ O también te gusta la fruta ?
Quiero acariciarte y tenerte en mi regazo
Ven conmigo
Tengo también pan muy bueno.

Kuiken

Kuikentje piept
Kuikentje springt
Lief en zacht
Klein en snel
Kuikentje rent
Kijk eens hoeveel ik er tel !

Pollito

El pollito pía
El pollito salta
Gracioso y suave
Pequeño y rápido
El pollito corre
¡ Mira cuantos hay !

Kwal

Geen mond
Geen ogen
Geen botten
In het water dans je in het rond
Maar zonder water
Val je als een drilpudding op de grond.

Medusa

Sin boca
Sin ojos
Sin huesos
En el agua bailas dando vueltas
Pero sin agua
Te quedas aplastada en el suelo como
un pudin de gelatina.

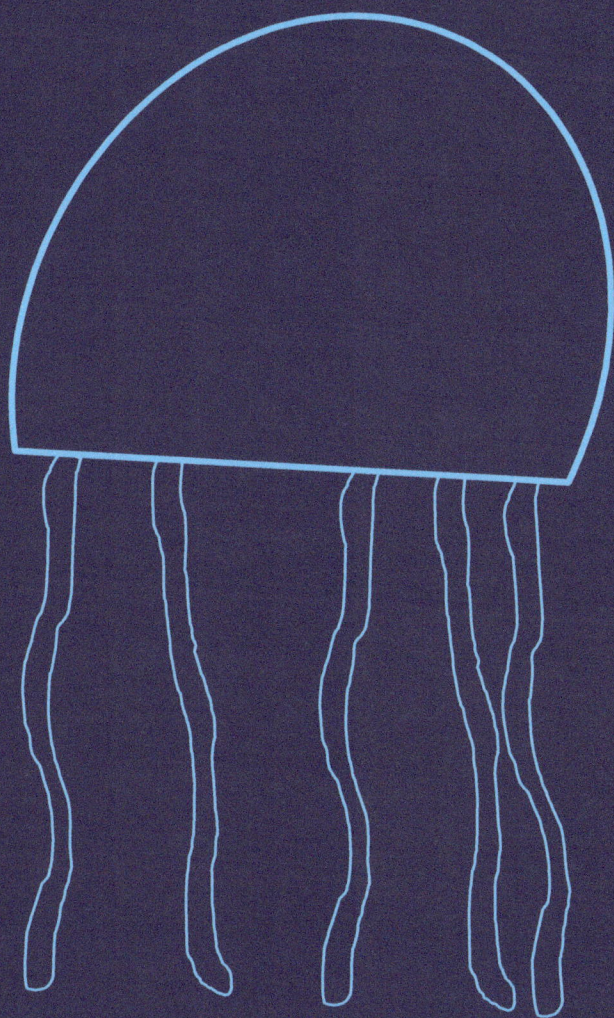

Muis

Ik ben klein en snel
Mijn oogjes die zien het wel
Mijn neusje ruikt veel
Mijn staartje doet wat het wil
Zie mijn holletje klein
Kom maar eens kijken
Het is daar reuze fijn !

Ratón

Soy pequeño y rápido
Mis ojitos sí que ven
Mi nariz huele mucho
Mi cola hace lo que quiere
Mira mi pequeño agujerito
¡ Ven a ver !
¡ Qué bien es estar allí !

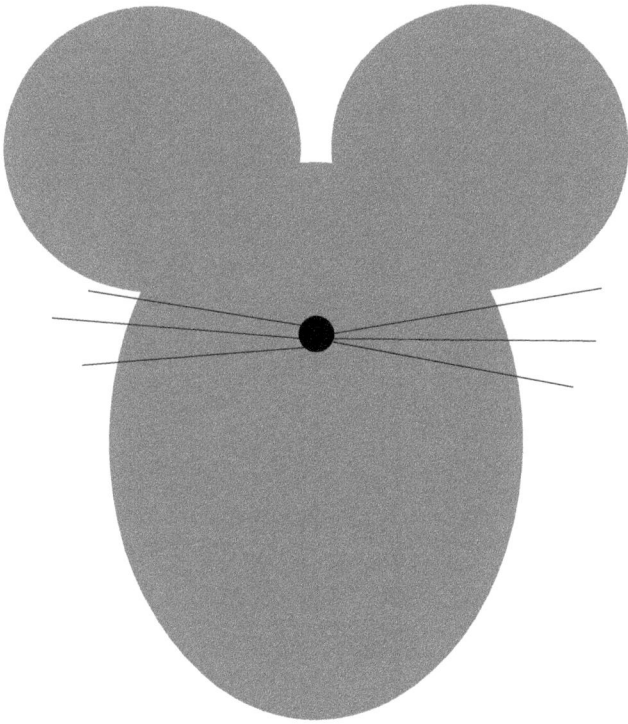

Olifant

Olifant, wat ben je toch groot !
Olifant, wat ben je toch sterk !
Grote oren
Lange slurf
Ik wil met je spelen maar ik weet niet
of ik durf
Een slurf om mee te eten en te drinken
Ook het wassen doe je daarmee
Soms lijkt het net een trompet
Van je een, twee, retteketet !

Elefante

Elefante, ¡ Qué grande eres !
Elefante, pero ¡ Qué fuerte eres !
Grandes orejas
Larga trompa
Quiero jugar contigo, pero no sé si me atrevo
Una trompa para beber y comer
También te limpias con ella
A veces se parece a una trompeta
¡ Uno, dos, tarataratareta !

Paard

Lief paard
Ik kom naar je kijken
Lief paard
Geef een aai over je bol
Lief paard
Dan gaan we samen een stukje rijden
Lief paard, voor jou is niks te dol !

Caballo

Querido caballo
Vengo a verte
Querido caballo
Te acaricio la cabeza
Querido caballo
Nos vamos a pasear un ratito
Querido caballo
Contigo siempre se pasa bien.

Poes

Ik hoor je wel
Ik hoor je mauwen
Heb je mij gemist ?
Pas op met je scherpe klauwen !
Ik hoor je spinnen
Het is altijd gezellig binnen
Je geeft mij een likje
Ik aai over je bol
Je geeft mij een tikje
Ga nu maar spelen met je bolletje wol !

Gato

Te estoy oyendo
Te oigo maullar
¿ Me has echado en falta ?
¡ Cuidado con tus afiladas uñas !
Te oigo ronronear
Qué bien estar en casa
Me estás lamiendo
Te acaricio la cabeza
Me das un golpecito con la pata
¡ Vete a jugar con tu bolita de lana !

Schaap

Sssssst, schaapje ligt te slapen
Het lijkt net een wolkje in het gras
Wat ben je schattig
Ik wou dat jij mijn kussen was
En elke dag zou ik dromen
dromen over jou
dat ik langs loop en jij naar mij lacht
wat zal ik lekker slapen
De hele nacht !

Oveja

Ssssss, la ovejita está durmiendo
Se parece a una nube blanca entre la hierba
¡ Qué bonita eres !
Me gustaría que fueras mi almohada
Y cada día soñaría
Soñaría contigo
Que paso por tu lado y me sonríes
¡ Qué bien voy a dormir !
Toda la noche.

Slang

Ssslang, jij bent zooooo lang
Ssslang, voor jou zijn veel mensen bang
Je tong gaat erin en eruit
Een sissend geluid
Geen armen en geen benen
Dus heb je ook geen tenen
Kruipend op je buik
kom jij altijd vooruit
maar je hoeft je nooit je scrubben
want jouw huid is vol met schubben.

Serpiente

Ssserpiente, tú eres tan larga
Ssserpiente, mucha gente te tiene miedo
Tu lengua va para dentro y para fuera
Siseando
Sin brazos y sin patas
Entonces no tienes dedos
Arrastrándote con tu cuerpo
Siempre vas hacia adelante
Pero nunca tienes que limpiarte
Porque tu piel está llena de escamas.

Spin

Het huis gemaakt van draden
Is het enige dat ik heb
Een lijf met acht poten
Hier zit ik, in mijn web
Vliegje hier, insecten daar
Dit eet ik allemaal, het is echt waar !
Verschillende soorten zijn er van mij
Groot, klein, dik, dun soms met felle kleuren erbij
Als je mij ziet, schrik dan niet en geef geen gil
Laat mij met rust dat is alles wat ik wil.

Araña

La casa hecha de hilos
Es lo único que tengo
Un cuerpo con ocho patas
Aquí estoy en mi telaraña
Mosca por aquí, insectos por allá
Todo esto es lo que como, ¡ Es verdad !
Hay diferentes clases de mi especie
Grandes, pequeñas, gruesas, delgadas
A veces con colores vivos
Si me ves, no te asustes ni chilles
Déjame tranquila, éso es todo lo que quiero.

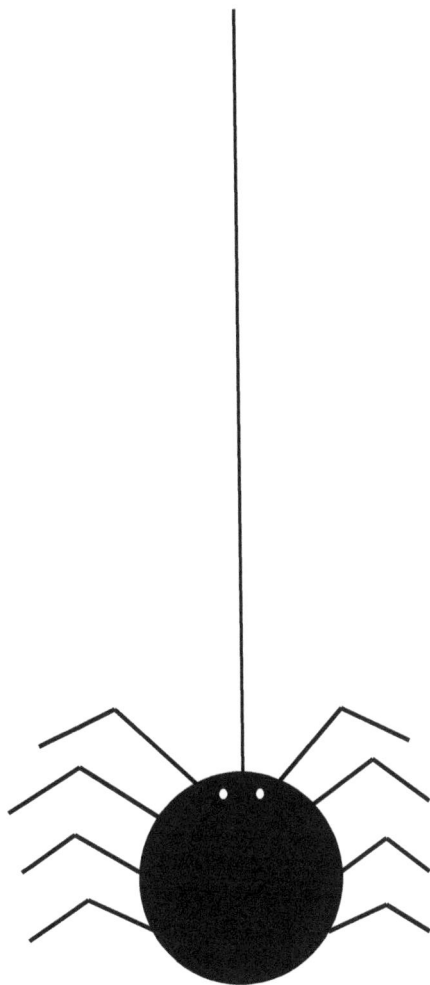

Varken

Een mannetjesvarken heet een beer
Hij houdt van groenten en eet ook peer
Een vrouwtjesvarken heet een zeug
Om haar te zien met al haar jongen is
Iets waar ik mij op verheug
Het kindje heet een big
Lekker spelen in de modder
Dat is waar ik het liefst lig !

Cerdo

Al macho se le llama cerdo
Le gustan las verduras y también come peras
A una hembra se le llama cerda
Verla con sus cerditos me encanta
Al cerdito se le llama lechón
¡ Qué bien jugar en el barro !
Ahí es donde más me gusta tumbarme.

Vis

Leven doe ik in het water
Ik zwem de hele dag
Met mijn kieuwen haal ik adem
soms kom ik naar boven en zeg je gedag
Van mij zijn er duizenden soorten
In alle kleuren van de regenboog
Ik heb vinnen en een staartje
Maar er is er één, dat lijkt op een paardje.

Pez

Vivo en el agua
Nado todo el día
Respiro por mis branquias
A veces saco mi cabeza y te saludo
Hay miles de clases diferentes de mi especie
En todos los colores del arco iris
Tengo aletas y una cola
Pero, solamente hay uno que se parece a un
caballito.

Vlinder

Fladder, fladder, kijk is hoe ik vlieg !
Als kleine rups begonnen in mijn wieg
Je ziet mij in vele soorten en maten
Met mijn kleine oogjes hou ik alles in de gaten
Mijn vleugels, vaak in vele kleuren
En met mijn antennes ruik ik vele geuren.

Mariposa

Revoloteo, revoloteo, ¡ Mira como vuelo !
Nací en mi cuna como un gusano
Me ves de muchas clases y medidas
Con mis ojitos vigilo todo
Mis alas, las hay de muchos colores
Y con mis antenas huelo todos los olores.

Over dit boek:

Dieren – Animales is een dieren prentenboek met Nederlandse versjes en naar het Spaans vertaalde verhaaltjes. Ieder dier heeft zijn eigen versje en verhaaltje. De illustraties van de dieren zijn simpel, vrolijk, kleurrijk en fris. Vooral voor kinderen leuk om naar te kijken. De versjes en het verhaaltje zeggen allemaal iets over een dier. De vis haalt adem met zijn kieuwen of een zeug is een vrouwtjesvarken. Alle dieren hebben iets waar wij ze aan kunnen herkennen.

Een vrolijk en leerzaam boek waarin kinderen worden meegenomen in de wereld van de dieren in combinatie met de Nederlandse en Spaanse taal.

Naast (hoogbegaafde) kleuters is dit boek ook aantrekkelijk voor jong en oud.

www.ingramcontent.com/pod-product-compliance
Lightning Source LLC
Chambersburg PA
CBHW040805150426

42813CB00056B/2659